AF368516

Festum

ExLibric

MARICRUZ GARRIDO LINARES

Festum

EXLIBRIC

ANTEQUERA 2017

FESTUM
© Maricruz Garrido Linares *(mericross@hotmail.com)*
© de las imágenes: Rafael y Maricruz Garrido.
Excepto página 64: Sailko via Wikimedia Commons – CC-BY 2.5
Diseño de portada: Dpto. de Diseño Gráfico Exlibric

Iª edición

© ExLibric, 2017.

Editado por: ExLibric
c/ Cueva de Viera, 2, Local 3
Centro Negocios CADI
29200 Antequera (Málaga)
Teléfono: 952 70 60 04
Fax: 952 84 55 03
Correo electrónico: exlibric@exlibric.com
Internet: www.exlibric.com

ISBN: 978-84-18912-79-5

Nota de la editorial: ExLibric pertenece a Innovación y Cualificación S. L.

MARICRUZ GARRIDO LINARES

Festum

BREVIS IPSA VITA

*Dedicado a mi tío Rafael Linares
por su gran amor a la literatura.*

AGRADECIMIENTOS

A mi sobrina Mari Ángeles y su marido Chema, que creyeron en mi proyecto, a María José Bermúdez, amiga y amante del mundo clásico, a mi hermano y cuñada Paqui, por acompañarme siempre en inspiración por estos lares. A mi madre y Antonio que siempre han estado a mi lado en los momentos difíciles.

Como mención especial a Manuel Quiroga Clérigo, magnífico crítico y poeta por sus cariñosas palabras de contraportada, y a mi buen amigo poeta José Puerto.

INTRODUCCIÓN

Notas de la autora

Habrá muchos que se pregunten por qué una persona oriunda de otro lugar, aunque próximo a estos lares, haya escrito sobre Almedinilla y no sobre el pueblo que la vio nacer y, es por ello, que quiero aclarar algo sobre los poetas y la **Poesía** en letras esta vez mayúsculas.

Decía Pepe Hierro que una vez le comentaron que cuándo escribía y él claramente respondió: "Cuando la Poesía quiere".

Me remito a este comentario tan claro y explicito por diversas razones que trataré de aclarar:

El poeta no es más que un transmisor de la Musa. El poeta no puede ser poeta por encargo.

No hay nada más nefasto que a un poeta le encarguen un cierto tipo de poesía. Nunca lo hará bien .Estará sintácticamente correcto, bien estructurado, pero nunca habrá el sentimiento especial que hace que esa imperceptible sensación de belleza y ritmo anide en el propio poema.

La poesía no se elige. Nadie puede decir. "Quiero ser Poeta".

La Poesía te elige y es ella quien decide el momento y el lugar. Ella se impone sobre ti, te reclama, te exige que le des forma o simplemente te rechaza.

Aunque pueda resultar pretencioso, la Poesía vino a mí justo en este lugar y Yo acudí a su llamada. No tuve otra elección.

Aquél que lea estos versos, observará que es cierto lo que digo, porque cada poema está impregnado de un melódico ritmo y forma; conjunción materia forma, alma y cuerpo, inspiración y belleza como el mismo entorno lo requiere.

"El que no ama a su tierra, no merece ser digno de ella". Podéis estar orgullosos de haber nacido en éste emblemático y recóndito lugar que ya había sido elegido por sabios antecesores vuestros íberos, romanos, árabes, de una belleza y paz incomparable.

He llegado a ésta conclusión, después de muchos años de reflexión, de lectura, de arduo trabajo y conocimiento y de mucha reflexión.

Por ello es, que está ahora **Festum** en nuestras manos.

Maricruz Garrido Linares

Festum

ALMEDINILLA

Regia entre roca, fructificas noble
y albergas la hermosura
de tu dama encantada
subyaces como diosa de ébano,
inalterable.
El rumor del pasado,
acaricia tus noches.
Soñando entre tus gentes,
se ignora el tiempo.
Ni siquiera el más leve
metálico ruido, delata
la placidez de tu entorno
tan bello, tan sereno.
Solo el tiempo y la música
se abren paso a tu mundo.
Aquí la vida es vida.
Aquí somos los dioses
de nuestro propio mundo.

19

MUJERES DE PIEL DE LUNA

Danzan bajo la noche
embrujadas
por la celeste alquimia de los astros.
Danzan y bailan bajo la noche,
como hechiceras, druidas o celenes
que invitan al placer.
Son náyades ligeras y ninfas
que perdieron su virginal tesoro
una noche cualquiera.
Son náyades ligeras,
de bronce o de metal
o terrenal materia.
Son hijas de la luna,
amantes de la lluvia
profanas de lo etéreo.
Son hijas de la luna,
y madres de los sueños
porque en su vientre fértil.
anidan los recuerdos,
y evocan el pasado
irradiando un futuro.
sin importarle el tiempo.
Y danzan, danzan…
son dueñas de lo eterno.

RÍO CAICENA

Era el grácil agosto.
Serpenteaba el agua
al recodo del río.
Soledad y calor. Soledad
acrisolada
y una callada paz
inundaba el espacio.
Iberos, romanos, bastetanos
árabes, ya mucho tiempo atrás
abrigaron tu entorno,
sin distancia ni tiempo,
sin estación ni norte,
sin tóxicos ruidos
cohabitando libres.
Iberos, romanos…
y después yo… bautizándome pura
visionaria de un tiempo,
mitológico, mágico.
Era el grácil agosto.
Solo el canto de un gallo
me despertó desnuda.
Caían las perseidas
como gotas de lluvia
y un paraíso perdido
me envolvió de repente.

HYPNOS

Sueño y muerte
Hypnos y tánatos,
llevados de la mano
del glorioso Hermes
adormitando vida.
Hypnos y tánatos,
Mercurio y Nix
alargando su mano,
con amapolas negras
en el río del olvido.
Hypnos…
pequeño dios alado,
amigo de Fantaso.
Deja que el sueño habite
donde habita el olvido
de las almas errantes.
Permite que Selene vigile
a su amado Endimión.

SALTO DEL CABALLO

Aquí todo confluye.
Naturaleza límpida,
mediterránea vida
tan plácida y etérea.
Aquí todo es belleza,
la mantis, la libélula,
el mirlo, el ruiseñor,
el poleo, el hinojo
y este fluir sonoro
como canto de náyades.
Todo envuelve el espacio,
iluminando el tiempo.
Y, a horcajadas y saltos
como un caballo libre
derramas con tu agua,
toda energía cósmica.
Naturaleza plena.

26

LA AMANTE

Recuerda que la túnica
que envuelve mi cintura,
lleva inscrito tu nombre.
Mi pelo huele a *lilium* y azahar
y mis brazos se alargan
esperando tu encuentro.

Tempus fugit

CASA ENCLAVADA EN ROCA

Te observo
y en ello radica tu existencia.
No eres más de lo que yo percibo
solo roca o mármol,
pero yo te evoco, te contemplo y vigilo,
atraigo la hermosura del cosmos hacia ti.
inmortalizo tu mundo y te permito ser,
ser por siempre.
te rescato del tiempo, para que seas tú,
tan solamente.

MUJER ROMANA

Te puedo imaginar
vestida de Hipatia o Flavia,
Tulia o Diana Cazadora.
Te puedo imaginar recostada
al abrazo de un grandioso triclinium
o dueña de tus lares.
te puedo imaginar tan diosa,
tan vestal de tu mundo,
alejado y distante
de la Roma imperial
que hasta llego a pensar
que eras como yo misma ahora,
alargando tus huecos cotidianos
con miradas ausentes
con deseos prohibidos,
y llantos infantiles.
Te puedo imaginar
fuerte, amante, sumisa
eternamente libre.
Simplemente mujer.

CERRO DE LA CRUZ

Aljibe de argamasa cerca de los collados
joya del tiempo incrustada en piedra.
Cuántos íberos disfrutaron
de tu liviana vida, de tu rústico encanto
de tu hechicera historia
que aún se desconoce, porque
gran parte de ella, es heredad de un tiempo
y otra subyace lenta en devenir diario.
Estirpe renaciente de auténtico legado
de hombres libres, que dieron
nombre y luz a esta fértil tierra.

VILLA ROMANA
DEL RUEDO

Acaso la existencia de dioses,
de héroes y vestales sumisas.
de oscuridad y de sueño,
no pudo con la historia
que envuelve tu misterio.
Acaso tus empedrados surcos
y mosaicos ancestrales,
de colosal belleza
abrigaron los lechos
donde habita la magia
de tu glorioso encanto.
Aquí la brújula del tiempo
Se expande detenida.

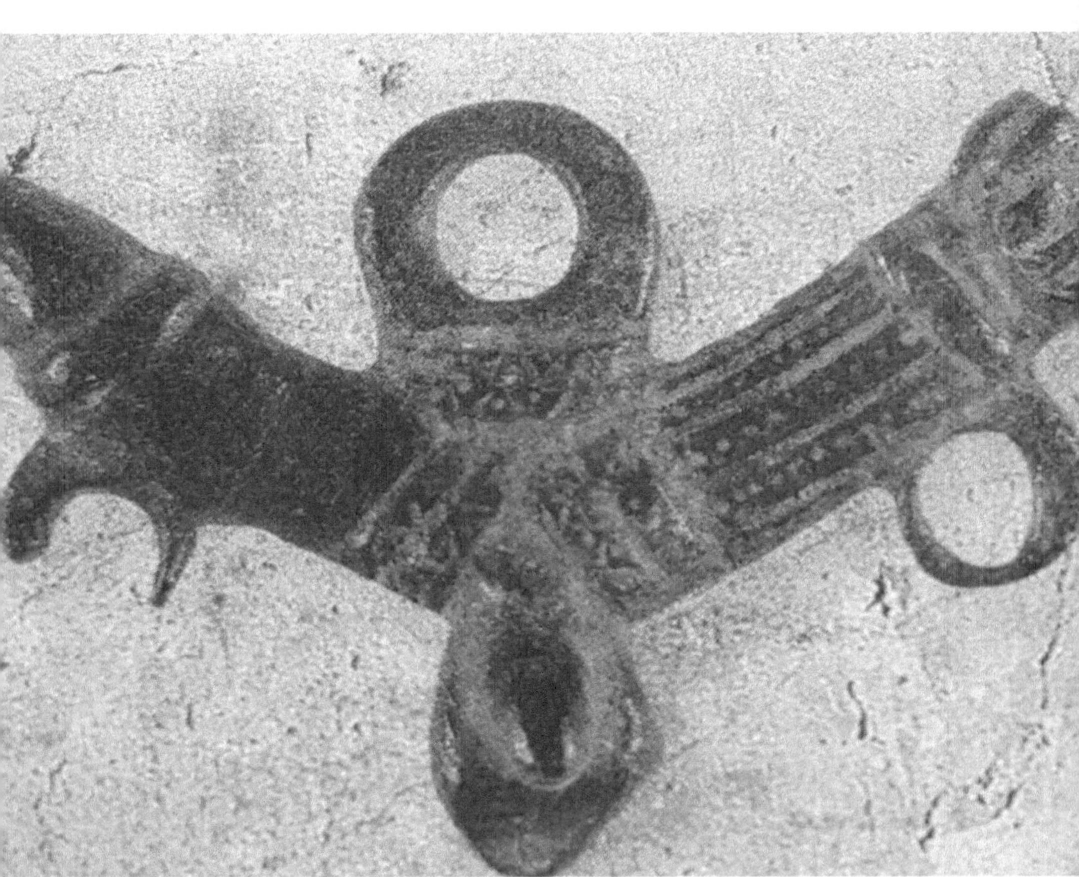

FASCINUS

La envidia de otro igual,
no me daña o hechiza.
Mi bulla me protege.
Soy hombre de barro,
mas su fuerza vital
me convierte en inmune.

Carpe diem

A ANTONIO PULIDO

El amor dormía
como duermes tú ahora,
en tu silente espacio,
en tu arbórea tierra
tan llena de nostalgia
de mucho tiempo atrás.
Hypnos te envolvió,
cuando el amor dormía
y esparció tu ternura
sobre esta silenciosa
villa de sueños vivos.
Pero tu huella queda
impregnada en la roca
 y en el canto nocturno
de los tenaces ríos
que reclaman tu ausencia,
porque heredaste libre
la frescura del árbol,
el candor de la aurora
y ese halo invisible
que sobrevive al tiempo.

MEMORIA ETERNA
IN ILLO TEMPORE

Oh, si hubiese atrapado
tu grito profundo
lejos de la Laguna Estigia,
si hubiera tenido la doble llave
que abre las puertas de lo eterno.
Si mis brazos, enfermos de ti
se hubieran extendido como gacelas,
libres hacia el infinito.
Si nuestro amor, como aquel
de la bella Cleopatra,
hubiera quedado en leyenda,
aún estos muros llorarían tu ausencia.

Entonces, yo aún lejos de la mundana Roma
libaría tu jugo, tu sabor. Mi éxtasis
no se transformaría en pánico y derrota.
Te amé más que a mi patria,
no temí a la cólera de los dioses,
ni a los hierros forjados del contrario,
mas nunca volví a saber de tus ojos
ni tu aroma ¡oh puta del Parnaso!
Me quedó solo, la primavera húmeda
y un largo otoño de olvido coronado.
Jamás volvió mi boca a visitar tu aliento,
o contemplar jamás tu secreta belleza.
Fue bello pero efímero al igual que
imperfecto y mutable nuestro amor.
Mas, inmortal y eterno, indefinible.

48

CAÍDA DEL IMPERIO ROMANO

Ya Aecio y Odoacro contribuyeron
al maltrecho final de la afamada Roma.
Ya Aecio, y Odoacro…
Nada es eterno.
Ya sus gloriosos días terminaron.
Ya sus bravos guerreros fallecieron.
Ni siquiera el macedonio Alejandro
con poder de conquista atrapó tanta
gloria y en su lecho, las manos esparcidas
alcanzaron vacías vuelo hacia el infinito.

TRINCHERAS

Aquí el hermano, allí el amigo,
aquí el amado y el fugitivo.
El que defiende paz e igualdad,
el que reclama al pueblo unido.
Nada pidieron ni hubo motivo
de hacer dos frentes cerca del río.
Nada pidieron, tan solo estar,
ni atrincherados ni divididos.
Aquí el hermano, allá el amigo.
Qué triste guerra, qué negro oficio
enterrar sueños cerca del río.

52

MEDUSA

Perseo te liberó de la mirada pérfida
para ser égida de Atenea justiciera,
escudo protector de todo mal,
Gorgona del Parnaso y del Olimpo.

Beatus ille

FUENTE DEL LEÓN

SENRYU

Libre y segura
desde su nacimiento,
victoria aclama.

NOCHE DE SAN JUAN
(DAMA ENCANTADA)

Noche mágica .Quietud sigilosa,
y un inmortal amor que a todo sabe.
Noble candor que se desliza
a través del agua cristalina.
Ella corre al encuentro del amado,
En ésa noche mágica, donde el amor
escoge territorio…
hechizada a la luz de la alborada.
Ella corre al encuentro del amado,
atravesando el tiempo y el espacio, tan solo
por el goce de volver a sentir una vez más,
ese inmortal amor que a todo sabe.

FUENTE RIBERA

Hubo un tiempo en que Afrodita
esparció su eterno y sensual amor
por estos lares,
y recodo a recodo
envolvió con mil pétalos de rosas
un bello manantial adonde el sueño y la vida,
riegan con agua pura la ribera.

NUNC ET SEMPER

(AHORA Y SIEMPRE)

Quisiera vivir mi historia
donde la muerte lenta
no me llegue a atrapar,
donde la vida sea
ese don que respiro.
Que mi sueño profundo
se asemeje al de un niño
y me desnude libre.
sobre la hierba quieta.

Que tan solo Virgilio
con sus eternas Églogas
se entremezclara ágil,
como ese verde campo
de bucólica brisa.

Yo, entonces, mientras tanto,
yacería…
recostada en tu pecho.
y no saber de nada,
y no pensar en nada,
y no creer en nada.

Solo tú y tu aroma,
solo tú y tu boca
que se asemeja a un río
en su fluir constante.

Tan solo tú y la noche
para escuchar silente
tu latir con el mío,
en armónico ritmo.
Allá, justo a lo lejos
la fiesta continúa.

Festum

Índice